AF316331

# RÉSISTANCE A L'OPPRESSION.

## *APPEL A MES CONCITOYENS.*

### MÉMOIRE PRÉSENTÉ

Aux citoyens membres du comité de sûreté générale de la
Convention;

Aux citoyens de la Section de l'Unité,

Et à ceux composans le comité révolutionnaire de la même
Section ;

*Par* MAURICE GOUGET DESLANDRES, *membre du
Tribunal de Cassation, mis en état d'arrestation par
le comité révolutionnaire de la Section de l'Unité;*

*Sans communication préalable d'aucun arrêté d'autorité
civile, judiciaire, et même révolutionnaire ;*

*Sans communication des motifs de son arrestation ;*

*Sans communication d'aucun procès-verbal ;*

*Sans communication de l'écrou en vertu duquel il est
incarcéré ;*

*Enfin, détenu en contravention de toutes les loix, même
révolutionnaires, desquelles, à l'égard du réclamant,
on a excédé la rigueur.*

JE suis arrêté sans causes.... je connois ma conduite :
je suis arrêté sans même connoître, depuis dix-huit jours
que dure ma détention, l'*ordre* en vertu duquel on a exercé
contre moi une telle rigueur; on ne m'interroge point,
et lorsque je demande au commissaire de police *Lalande*,

A

quel est le motif pour lequel on m'a fait arrêter, il me répond froidement : *On ne s'est point encore occupé de toi.*

Voici les faits.

Le 9 octobre (vieux style), ou le 18 du premier mois, j'allois porter une plainte sur un vol commis dans ma maison ; il étoit sept heures du soir. — Je cherchois le cabinet du commissaire de police ; je rencontre à la section un de mes voisins, qui me demande si j'avois besoin d'une carte pour avoir du bois ? Oui, lui dis-je, car je n'ai plus de bois ; cependant je cherche le commissaire de police, et je ne me propose d'aller au comité que demain. — Il est facile de trouver le commissaire de police quand on en a besoin, me dit-il, mais il est plus difficile d'avoir une carte pour le bois, à cause de l'affluence du monde ; actuellement il n'y a plus personne au comité, et ce seroit bien fait que d'y entrer pour demander votre carte. — Ce particulier m'introduit : je présente mon certificat de citoyen. L'un des membres du comité me dit : Sûrement vous avez encore du bois ? — (Néanmoins il se met en devoir de me satisfaire.) — Sur cette interpellation, je réponds que j'avois au plus quatre morceaux de bois (1). — Un bon citoyen attend encore quatre jours avant de s'occuper de lui. — J'y consens, j'en achetterai à la falourde. — On ne veut pas vous y forcer. — Et l'on continue d'expédier ma carte. Tandis qu'un autre membre l'enregistroit, le citoyen qui m'avoit adressé la parole, tantôt avec dureté et de l'aigreur, tantôt avec un air de pitié insultant pour

---

(1) Le citoyen Noël, qui est venu apposer les scellés chez moi, a vérifié que je m'étois trompé, et que je n'en avois qu'une seule bûche coupée en deux.

3

un homme libre, ce citoyen, dis-je, entre dans la salle
où le comité étoit assemblé, revient ensuite et me dit :
*Citoyen*, vou. resterez ici. — Je me conforme à cette in-
vitation. — J'attends à peu-près une heure et demie. —
Je vois ensuite arriver la garde, et l'on me consigne.

Etonné de ce que le comité prenoit à mon égard des
mesures aussi rigoureuses, je demande du papier, et je
représente par écrit au comité « que je suis *fonctionnaire*
» *public* à Paris pour mon département (1) ; que mes fonc-
» tions ne peuvent être suppléées ; que je demande à être
» entendu, et que je m'engage à éclaircir, de la manière
» la plus satisfaisante pour le comité, toute sorte d'ac-
» cusation qui pourroit avoir été dirigée contre moi. » On
me fait entrer au comité ; on me fait asseoir et couvrir, et
le président m'adressant la parole : — Comment t'appelle-
tu ? — Je réponds. — De quel pays ? — De Dijon, département de la Côte-d'Or. — Ton âge ? — Trente-huit ans.
— Ta demeure ? Je réponds. — Ton état ? Je satisfais à
cette dernière interpellation. — Retire-toi. — Je me conforme à l'ordre qui m'est intimé. On traite moins mal un
grand criminel !

Rentré auprès de la garde, je vois arriver auprès de
moi, et une heure après ma sortie du comité, un citoyen
que l'on m'a dit depuis s'appeler *Noël*. — Je te somme
au nom de la loi, de me déclarer si tu as des armes sur
toi ! — Aucune, je n'en porte jamais. Je remets à l'instant
une petite canne à lame très-légère, et l'on me conduit
chez moi pour assister à l'apposition des scellés sur mes
papiers.

----

(1) La Côte-d'Or.

Le commissaire *Noël* peut rendre compte de la manière loyale avec laquelle je me suis conduit; j'ai tout ouvert chez moi , et j'ai indiqué en quoi consistoient tous mes papiers. — Ils seront examinés , j'espère ! et ils établiront que je suis un patriote.

Maintenant , je demande pourquoi je suis en état d'arrestation ? Jamais je n'ai eu une seule pensée qui puisse être accusée , jamais je n'ai tenu aucun propos équivoque sur la révolution ; je n'ai rien à craindre de mes écrits , car ils sont faits pour m'honorer ; mes écrits sont publics et signés de moi : le dernier qui traite *du Crédit public* , a eu pour principal objet de réunir tous les Français sous le régime républicain ; et c'est dans cet ouvrage que j'ai particulièrement déclamé contre le *fédéralisme* , et duquel j'ai dit qu'il étoit *le germe des grandes féodalités qui anciennement ont asservi les hommes* : j'ai même démontré dans cet ouvrage le danger de *fédéraliser* la République , et j'ai établi que ce seroit ruiner l'état dans ses finances , dans sa puissance , dans sa splendeur , et entraîner également la ruine de tous les citoyens. — Qu'on me fasse la justice de lire ce travail qui m'a coûté bien des veilles ! Mais quelle persévérance n'a-t-on pas quand on travaille pour la patrie ! J'ai adressé cet écrit à la Convention , au Conseil exécutif : je l'ai présenté à la Commune de Paris , à la Société des Jacobins et à ma section.

Depuis l'année 1789 , j'ai travaillé avec courage et constance pour le succès de la révolution : les patriotes de mon département me feront la justice de l'attester. — Ils diront même si j'ai intrigué pour aucune place. — J'étois absent et à 80 lieues de Dijon depuis 11 mois , lorsque

5

j'ai été nommé juge suppléant au tribunal de cassation. —
Les citoyens absens ne peuvent guère être accusés d'intri-
guer dans une assemblée électorale, et l'on dit assez vul-
gairement d'eux *qu'ils ont tort*; pourquoi aurois-je eu rai-
son, si je n'eusse pas mérité de la part de mes concitoyens
une marque de confiance aussi précieuse?

En revenant de Bruxelles, où j'avois été envoyé par les
six ministres (1), je me présentai à ma section que j'avois
fréquenté habituellement depuis le moment où j'y avois
été amené par les patriotes, et où je m'étois toujours conduit de manière à m'estimer moi-même : je trouvai la ca-
lomnie et la haine de quelques-uns dirigées contre moi :
je persistai néanmoins à assister aux assemblées; seulement,
je me tins à l'écart, et je n'y parlai plus, croyant qu'il
étoit sage de ne répondre que par le silence à la malveil-
lance organisée contre moi, puisque malgré mes inter-
pellations, on n'alléguoit aucun fait contre ma conduite. —
Depuis, je n'y ai été que fort rarement : mais je n'ai pas
manqué, par exemple, de m'y rendre, pour accepter par
mon vœu, *l'acte constitutionnel* de la République.

Si la liste des citoyens qui l'ont accepté individuellement,
a été conservée, on verra que je suis le *vingtième*. — Si la
liste n'existe plus, j'ai, sur ma carte de citoyen, de la main
d'un secrétaire de la section, *N°. 20ᵉᵐᵉ*, indicatif de *lordre*
dans lequel je me suis présenté pour l'acceptation.

Je n'ai plus assisté, il est vrai, que rarement aux assem-

---

(1) Lorsque le citoyen Grouvelle, secrétaire du conseil-exécutif,
m'écrivit pour m'annoncer que l'on m'avoit nommé commissaire à
Bruxelles, pour l'exécution du décret du 15 décembre, je ne con-
noissois pas même cette loi; je n'avois donc pas sollicité, et j'appelle
le témoignage du citoyen Grouvelle.

blées de ma section ; mais des occupations de devoirs essen-
tiels, sont devenues si multipliées pour moi, que je n'avois
pas un instant de libre : en second lieu, je communiquerai
au comité révolutionnaire un motif assez excusable, que je
crois inutile de révéler et d'exposer dans cet écrit.

Je suis arrêté sans motifs, cela n'est pas douteux : jamais,
depuis le commencement de la révolution, je n'ai fréquenté ni directement, ni indirectement, des *suspects* :
j'ai fuis tous les hommes équivoques, et depuis plus de
deux ans, je n'ai plus approché de tous ceux qui nous
avoient trompé à la société des Jacobins par des dehors
populaires. — Dans mes écrits, on y lira qu'*il ne faut s'at-
cher qu'aux choses, et jamais aux hommes* ; voilà mes
principes : j'ai dit cent fois dans l'assemblée générale de la
section, *à bas les hommes, à l'ordre du jour les choses*. —
Voilà l'une de mes professions de foi politique ; et certes, je
me tromperois étrangement si elle n'étoit pas républicaine !

Lors du départ de *Capet* pour Varennes, j'étois à Dijon ;
on peut s'informer comment je m'y suis conduit, et si je
n'ai pas concouru à toutes les mesures de sûreté générale.

Alors, plusieurs citoyens se félicitèrent de ce qu'on alloit
être débarrassé d'un traître : Louis fut maintenu, et depuis
ce tems, je n'ai cessé de dire que c'étoit de son infame
château que sortoient toutes les trahisons dont la nation étoit
victime, — qu'il falloit abattre le monstre. — *Bazire* (1)
sait tout ce que je lui ai dit, en langage républicain, lors-
qu'il obtint le décret qui licentioit la garde des Tuilleries ;
elle étoit à mes yeux insultante pour le peuple, et je la

______

(1) Député de mon département.

jugeois contre-révolutionnaire. — Combien de fois je me suis irrité de ce que les représentans du peuple se rendoient au château pour la sanction des loix ! De ce que l'on dégradoit ainsi la dignité du peuple pour la sotte vanité d'un personnage qui n'étoit qu'un fonctionnaire public chargé de l'exécution des décrets : sous le régime constitutionel (vieux style), j'aurois au moins desiré que *Louis* eut été tenu de venir demander en personne à l'Assemblée, la remise des décrets. — Je parlois, comme je viens de l'observer, d'après la constitution d'alors ; mais toujours est-il que j'avois donc l'esprit plus républicain que monarchique.

Je ne suis point resté en-deçà des mesures révolutionnaires actuelles : tous les citoyens qui fréquentoient la section, se rappelleront que lors de la nuit du 9 au 10 août 1792, je me suis conduit en républicain. —J'ajoute qu'ayant obtenu l'avantage de présider ce jour-là et les jours précédens, j'apportai dans l'assemblée de ma section, je proposai à la lecture, et je lus moi-même, autant de tems que mes forces me le permirent, un discours de *Camille Desmoulins*, prononcé par lui à la Commune de Paris : ce discours traitoit de la révolution de *Londres*, pour préparer les esprits à une autre révolution dans Paris : les détails en sont encore à ma mémoire, et tous les citoyens de la section se rappelleront l'effet qu'ils produisirent sur leurs ames. —Alors je servois le peuple ! L'ai-je moins bien servi depuis ? C'est ce qu'il est facile d'examiner.

Avant que la République n'aie été décrétée, j'ai présenté à ma section une adresse qui annonçoit le mépris que je fesois des rois —. Dans cet écrit qui, après un long examen, fut adopté par la section, j'ai dit sur-tout, et je demande acte de l'époque (1), j'ai dit qu'il y avoit dans Paris *un parti de l'étranger;* qu'il étoit organisé dans nos murs ; qu'il falloit le surveiller ; que l'or de *Pitt* circouloit pour nous désor. ganiser ; j'ai dit enfin ce qu'ont dit à la tribune de la Convention, il y a deux jours, trois membres du comité de salut public, *que l'on cherchoit à rompre nos mesures par l'exagération de leurs rigueurs.* — Étoit-ce là une vérité?... Voyez quels moyens aujourd'hui la Convention est obligée de prendre pour le détruire, ce parti de l'étranger, pour en arrêter les trames, pour en couper les fils; etoit-ce un crime que de proposer dès-lors des mesures que l'on adopte aujourd'hui?

Depuis trois ans j'ai constamment écrit sur l'économie politique, et depuis la journée du 10, je me suis hâté de jeter sur le papier des idées qui m'ont rendu capable de présenter un système de finances qui devoit être utile à la République ; car il étoit écrit pour la république, pour l'éterniser, pour maintenir son indivisibilité, pour soutenir le crédit de nos assignats, pour *républicaniser* toutes les fortunes, et attacher enfin, par des résultats révolutionnaires, tous les citoyens à notre nouveau gouvernement. — Dans cet ouvrage, il n'y a pas une ligne qui ne consacre les maximes et les bases de notre révolution, *la liberté, l'égalité ;* pas une pensée qui ne tende à la prospérité commune, comme à la prospérité de tous.

Qu'ai - je donc fait qui ait pu me mériter de la part du comité révolutionnaire de ma section, un traitement aussi

---

(1) Il y a plus d'un an.

rigoureux

rigoureux que l'incarcération de ma personne? rien, absolument rien. — Je défie le calomniateur le plus effronté d'accuser ma conduite, même d'une chose équivoque. — S'il se présente, je le confondrai.

Cependant je suis mis en état d'arrestation, en contravention de la loi du 9 septembre dernier (vieux style) qui porte : » la Convention nationale, sur la proposition d'un » membre, décrète qu'aucun *fonctionnaire public* ne pourra » être mis en état d'arrestation par ordre des autorités char- » gées de veiller à la sureté publique dans la Commune de » Paris, *qu'après en avoir prévenu le Comité de sûreté gé-* » *nérale*, qui prendra les mesures nécessaires pour que le » service public ne soit point interrompu ».

Je suis mis en état d'arrestation en contravention de la loi du 17 septembre (vieux style), qui porte, article II : » sont réputés gens suspects, 1°. ceux qui, soit par leur » conduite, soit par leurs relations, soit par leurs propos » ou leurs écrits, se sont montrés partisans de la tyrannie » ou du fédéralisme, et ennemis de la liberté ; 2°. ceux qui » ne pourront pas justifier. de la manière prescrite par la » loi du 21 mars dernier, de leurs moyens d'exister, et de » l'acquit de leurs devoirs civiques ; 3°. ceux à qui il a été » refusé des certificats de civisme ; 4°. les fonctionnaires » publics suspendus ou destitués de leurs fonctions par la » Convention nationale, ou par ses commissaires, et non » réintégrés, notamment ceux qui ont été ou doivent être » destitués en vertu de la loi du 14 août dernier ; 5° ceux » des ci-devant nobles, ensemble les maris, femmes, peres, » meres, fils ou filles, freres ou sœurs, et agens d'émigrés, » qui n'ont pas constamment manifesté leur attachement

B

» à la révolution ; 6°. ceux qui ont émigré dans l'intervalle
» du premier juillet 1789 , à la publication de la loi du 8
» avril 1792 , quoiqu'il soient rentrés en France dan le délai
» fixé par cette loi ou précédemment ».

Je ne suis dans aucun des cas exposés par la loi , et rien
ne peut mieux établir que je ne suis point arrêté *révolu-
tionnairement* , mais ARBITRAIREMENT. — Le gouvernement
est révolutionaire , — sans doute ; mais au moins ne faut-il
pas enfreindre les loix révolutionnaires , qui sont par elles-
mêmes assez rigoureuses.

Toutes les formalités ont été négligées à mon égard ;
1°. on ne m'a pas donné copie d'aucun verbal contenant les
motifs pour lesquels je suis en état d'arestation. — Il n'y en
a aucune mention sur l'acte d'écroue. — Quand il y auroit le
motif de *suspicion* , ce que j'ignore , cela ne suffiroit pas ,
car il faut motiver cette suspicion. — La qualification de
*suspect* est banale , et ne peut pas autoriser l'incarcération
d'un citoyen ; avec ce mot (*suspect*) qui pourroit être opposé
sans motifs tirés de la conduite d'un citoyen , ou sans les
caractères qui se trouvent indiqués dans la loi , on pourroit
incarcérer tout le monde.

Ainsi il ne suffit pas que le Comité dise que je suis *suspect*,
il faut qu'il motive ma *suspicion ,* soit d'après la loi , soit
d'après les faits qui me sont imputés par le Comité lui-
même , soit enfin d'après une dénonciation qui soit établie ,
ou au moins soutenue de quelque vraisemblance. — C'est
même donner ici une grande latitude à tous les moyens de
persécution dirigée contre moi ; mais je n'en crains aucun.

2°. Le Comité révolutionnaire , à la forme de l'article IX
de la loi du 17 septembre , devoit envoyer sans *délai* au
Comité de sureté générale , les *motifs* de mon arrestation ;

l'a t-il fait ? je l'ignore ; mais encore seroit-ce là une formalité essentielle d'omise.

3°. Aux termes de la loi du 27$^{\text{ème}}$ jour du 1$^{\text{er}}$ mois, le Comités révolutionnaires doivent réparer l'omission de toutes les formalités que je viens de rappeller ; *ils doivent me donner copie du procès-verbal contenant* LES MOTIFS *pour lesquels je suis arrété.* — *Ils doivent en* FAIRE MENTION *dans l'acte d'écroue, afin que ma* FAMILLE ET MOI *puissions éclairer la religion du Comité de sureté générale.* — *Ils doivent remplir les mémes formalités pour tous les citoyens déja détenus.* — Rien de toutes ces choses n'a été observé à mon égard. — Jé sais que les circonstances du moment donnent beaucoup d'occupation aux Comités révolutionnaires ; mais cependant il faut trouver le temps de satisfaire à des devoirs qui deviennent bien imposâns, quand ils concernent de malheureux détenns.

4°. On exerce contre moi une rigueur que n'exige pas la loi ; on ne me laisse communiquer avec personne pour la direction de mes affaires domestiques, cependant j'en ai de bien importantes ; et l'article III de la loi du 19 du 1$^{\text{er}}$ mois, m'autorise à pouvoir correspondre par écrit pour toutes mes affaires du dehors.

Je demande justice à ceux même qui ont exercé contre moi cette autorité extraordinaire ; j'espère qu'ils ouvriront les yeux, et qu'ils se persuaderont enfin qu'il existe une trame contre révolutionnaire, qui a pour objet de diviser les patriotes. Je l'ai dit, je le répète, je l'imprime ( si c'est un crime que l'on m'en punisse ), j'ai dit que je voyois beaucoup de patriotes traités et poursuivis comme les grands ennemis de l'état ; que je voyois beaucoup d'aristocrates libres, et même favorisés par la fortune révolutionnaire.

Soit que les premiers aient été dénoncés par des ennemis

particuliers, soit qu'ils aient eu le malheur de déplaire à leurs concitoyens, soit enfin qu'ils soient poursuivis par les ennemis de la révolution qui les font dénoncer pour exercer leur vengeance, il n'est que trop vrai que, parmi les citoyens arrêtés comme *suspects*, on compte des hommes (1) qui ont fait et feront plus encore pour la patrie que certains révolutionnaires, qui jouissent aujourd'hui d'une grande popularité. — J'ai l'orgueil de me placer sur la première liste. Depuis quatre ans, j'ai pris une part active à la révolution, et dans ma captivité je sais me dire que *la liberté publique doit m'être plus chère, puisqu'elle me coute aujourd'hui ma liberté personnelle.*

Mais le Dieu qui a créé la liberté pour en faire jouir les hommes, veille sur son maintien; elle ne périra ni pour l'universalité du citoyen, ni pour les individus qui la réclament, ni sur-tout pour ceux qui peuvent se prévaloir d'être *patriotes avant la lettre.*

Le décret du 19 dont je viens de parler, et celui du 27 sur-tout, viennent enfin d'attribuer au Comité de sureté générale le droit de prononcer sur les demandes en élargissement. — Cela est bien juste; car il ne peut pas être, même en temps de révolution, qu'un citoyen détenu puisse rester en captivité sur une délation perfide.

Dans notre captivité, on nous dit même qu'il a été arrêté qu'une commission de l'Assemblée nationale, ainsi que de la Société des amis de la République, doivent descendre dans

---

(1) Un citoyen ex-constituant, qui a constamment voté avec les patriotes, qui vient de perdre deux de ses fils dans nos armées, qui vient d'apprendre que son troisième et dernier enfant avoit été blessé, ce citoyen languit cependant avec moi dans la même prison.

nos prisons, pour prendre des renseignemens sur les détenus, et qu'enfin la justice sera rendue à tous.

Quant à mon arrestation, j'en ai donné les détails : rien n'est plus arbitraire. Je suis arrêté en contravention de toutes les loix, même *révolutionaires* : croira-t-on jamais que ces loix aient été enfreintes pour excéder les mesures qu'elle autorisent ?....

Je demande et j'attends une justice prompte du Comité de sureté générale ; je la demande aux citoyens de ma section, et aux membres de son Comité révolutionnaire.

Si j'ai été dénoncé par un vrai patriote, et qui n'aie demandé contre moi une mesure de rigueur que par un ardent amour de la patrie, et dans des intentions louables, je l'en remercie. — Si je suis dénoncé par un homme qui n'ait satisfait contre moi qu'une passion haineuse ou jalouse, je le dévoue à ses remords, et je le méprise trop pour vouloir le connoître. — Ce que je sais, c'est qu'il ne m'arrachera ni l'estime des citoyens qui me connoissent, ni la mienne propre, ni mon patriotisme, ni la gloire que je me promets de servir encore honorablement ma patrie.

*A la maison d'arrêt de l'Abbaye, le 2 du second mois de l'an second de la République françoise, une et indivisible.*

Signé, GOUGET DES LANDRES.